Deux Dessins

PAR

J.-M. MOREAU

CONDITIONS DE LA VENTE

Elle sera faite au comptant.

Les acquéreurs paieront 5 pour 100 en sus des enchères.

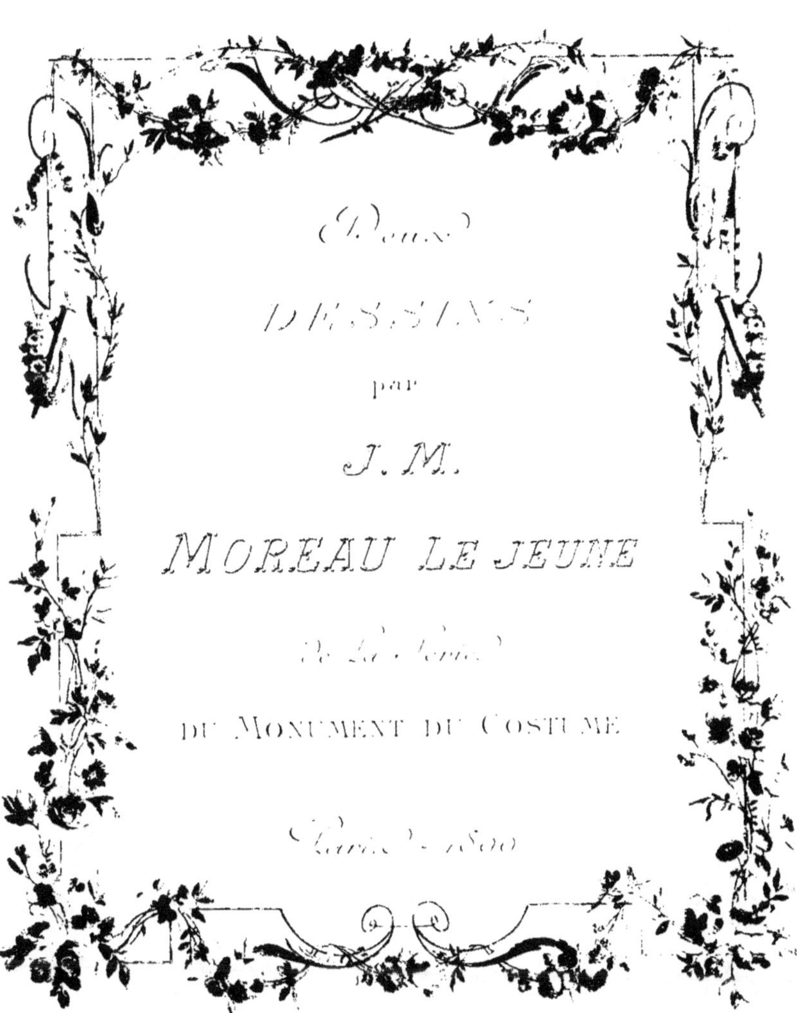
Deux
DESSINS
par
J. M.
MOREAU LE JEUNE
de la suite
DU MONUMENT DU COSTUME
Paris 1800

CATALOGUE

DE

Deux importants

DESSINS

PAR

J.-M. Moreau le Jeune

DE LA SÉRIE

DU MONUMENT DU COSTUME

DONT LA VENTE AURA LIEU

HOTEL DROUOT, SALLE Nᵒ 6

Le Samedi 22 Avril 1899

A 4 HEURES

<table>
<tr><td>COMMISSAIRE-PRISEUR</td><td>EXPERTS</td></tr>
<tr><td>Mᵉ PAUL CHEVALLIER</td><td>MM. FÉRAL</td></tr>
<tr><td>10, RUE DE LA GRANGE-BATELIÈRE</td><td>54, FAUBOURG-MONTMARTRE</td></tr>
</table>

EXPOSITIONS

<table>
<tr><td>PARTICULIÈRE</td><td>PUBLIQUE</td></tr>
<tr><td>*Le Vendredi 21 Avril 1899*</td><td>*Le jour de la Vente*</td></tr>
<tr><td>De 1 h. à 5 h. 1/2</td><td>De 1 h. à 4 h.</td></tr>
</table>

D.5412

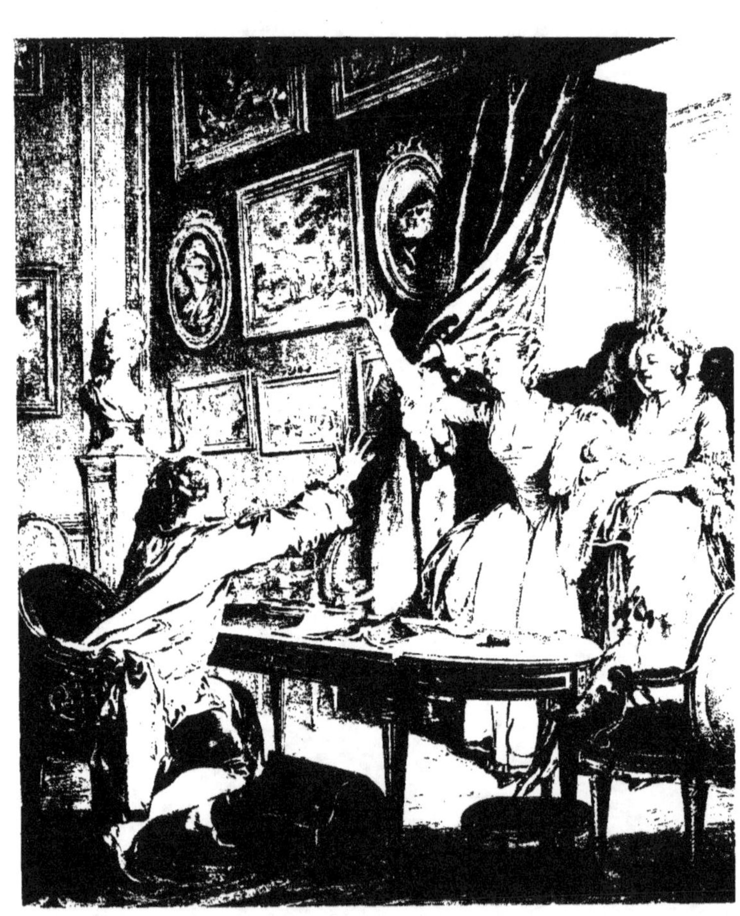

C'est un Fils, Monsieur !

Un gentilhomme en robe de chambre, assis devant une table dans son cabinet de travail, tend les bras vers un nouveau-né. Un jeune homme a soulevé une portière, laissant passer la nourrice coiffée d'un bonnet à ruban, et portant dans ses bras l'enfant enveloppé de langes à festons. La soubrette dévouée de la jeune mère annonce l'heureuse nouvelle, levant le bras au ciel. Coquettement vêtue d'une jupe retroussée, bouffant sur les hanches, d'un corsage décolleté à manches courtes et parements de dentelle, elle porte un tablier de mousseline, et un petit bonnet sur ses cheveux relevés et poudrés.

On aperçoit plus loin, un autre personnage.

A droite, un chien se dressant sur un fauteuil, regarde son nouveau maître. Les murs sont ornés de tableaux : dans un angle de la pièce, un buste de femme posé sur une gaine.

Dessin à la Sépia.
Signé à droite : J.-M. Moreau le Jeune, 1776.
Gravé par C. Baquoy.

Haut., 27 cent. ; Larg., 22 cent.
Cadre en bois sculpté du temps de Louis XVI.

La Petite Toilette.

Dans un élégant intérieur, un jeune homme revêtu d'un peignoir, assis devant sa toilette, se fait coiffer par deux valets, l'un frise ses cheveux, l'autre prépare un fer.

Son tailleur, gros homme à perruque poudrée, gilet ouvert sur un jabot de dentelle, aidé par un commis, lui présente un habit étalé sur un siège. Un chien flaire le vêtement qu'on apporte à son maître. Au centre, un majordome, en costume galonné, coiffure empanachée, s'appuie sur sa canne. A droite, le rideau d'une fenêtre.

Au fond, deux vases de fleurs sur un meuble, un portrait de femme accroché au mur au-dessus de deux petits tableaux couverts par des rideaux.

Dessin à la Sépia.
Signé à droite : J.-M. MOREAU LE JEUNE, 1777.
Gravé par P.-A. MARTINI.

Haut., 27 cent. ; Larg., 22 cent.
Cadre en bois sculpté du temps de Louis XVI.

Nous croyons qu'il n'existe pas dans l'œuvre du Maître des dessins d'une plus remarquable qualité et dans un aussi bel état de conservation.

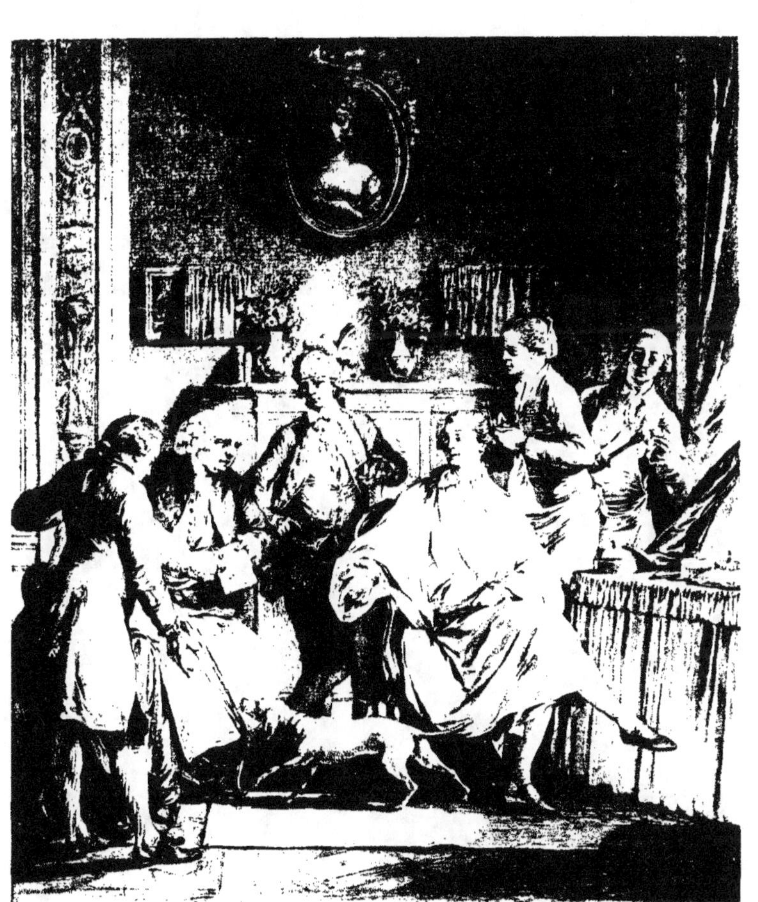

IMPRIMÉ

PAR

CHAMEROT ET RENOUARD
19, rue des Saints-Pères

TITRE ET PLANCHES HORS TEXTE

Gravés par

DUJARDIN
28, rue Vavin

Imprimés en taille douce par

CH. WITTMANN
18, rue de l'Arbalète